coleção primeiros passos 209

Zilá Bernd

O QUE É NEGRITUDE

editora brasiliense

Copyright © by Zilá Bernd.

Capa:
Marco de Andrade
Angela Mendes
Mauro Augusto

Ilustrações:
"Pineapples Fields Forever"

Revisão:
José Waldir Santos Moraes

ISBN: 978-85-11-01209-5

editora brasiliense ltda.
Rua Mourato Coelho, 111
CEP 05417-010 – São Paulo – SP
www.editorabrasiliense.com.br

ÍNDICE

Apresentação 7
A construção do estereótipo.................................. 11
A desconstrução do estereótipo: a negritude........... 15
Um pouco de história 21
Trilhando diferentes trilhas: Aimé Césaire e
Léopold S. Senghor... 33
Balanço geral: lucros e perdas.............................. 37
Negritude no Brasil.. 44
Da negritude à construção de uma identidade
negra 52
Indicações para leitura 56
Sobre a autora... 59

Há coisas que se choram muito
anteriormente
Sabe-se então que a História vai
mudar.

Ruy Duarte de Carvalho,
poeta angolano

APRESENTAÇÃO

No ano do Centenário da Abolição da Escravatura no Brasil – 1888-1988 – torna-se oportuna uma reflexão sobre a polêmica questão da NEGRITUDE. Embora o 13 de Maio, data da promulgação da LEI ÁUREA, que aboliu a escravatura no Brasil, não seja significativo para o negro brasileiro por não corresponder a um momento de verdadeira libertação, ele pode ser aproveitado justamente para que se reavalie criticamente este período de cem anos durante os quais a situação, para o negro liberto, muito pouco se alterou em relação ao período escravagista.

Último país da América a proceder à abolição do ultrapassado sistema escravocrata, o Brasil o faz de maneira a beneficiar mais uma vez a classe dominante, não criando as condições mínimas para que o contingente negro, egresso das senzalas, fosse absorvido pelo mercado de trabalho urbano na nova sociedade brasileira.

Os enredos das escolas de samba do Carnaval carioca de 88 comprovam que o Centenário da Abolição é muito mais uma data para refletir sobre o que ainda falta conquistar do que propriamente para festejar. A Mangueira, com "Cem Anos de Liberdade: realidade ou ilusão?" (Hélio Turco, Jurandir e Alvino), diz assim:

> Será que já raiou a liberdade
> Ou que foi tudo ilusão Será...
> Que a Lei Áurea tão sonhada
> Há tanto tempo assinada
> Não foi o fim da escravidão?
> Hoje dentro da realidade
> Onde está a liberdade
> Onde está que ninguém viu?

Também a Beija-Flor, com "Sou negro, do Egito à Liberdade" (Ivancué, Cláudio) interpreta o saber popular:

> Eu sou negro e hoje enfrento a realidade
> E abraçado à Beija-Flor
> meu amor
> Reclamo a verdadeira liberdade.

O objetivo deste livro, contudo, não é o de analisar a situação dos negros na sociedade brasileira pós-abolição, mas o *de refletir sobre os movimentos de tomada de consciência de ser negro,* que se verificaram em praticamente todas as regiões do planeta onde pode ser registrada a presença de negros, e sua possível repercussão no Brasil, rastreando as formas que adquiriu em nosso país esse processo de conscientização que ficou conhecido pelo nome de NEGRITUDE.

Em 1984, publiquei, na hoje extinta coleção "QUALÉ", da Brasiliense, *A Questão da Negritude*. A presente versão, que se propôs inicialmente a ser uma segunda edição revista e aumentada da primeira obra, terminou se constituindo em um texto novo. Embora utilizando os mesmos conceitos e o mesmo referencial teórico, a reflexão que realizei sobre o tema, neste intervalo de quatro anos, e que resultou na elaboração e publicação de minha tese de doutoramento com o título "Negritude e Literatura na América Latina" (Porto Alegre, Mercado Aberto, 1987), impôs uma reescritura quase que total do primeiro texto.

Embora minha intenção não seja a de *ressuscitar* a Negritude – movimento que para muitos já entrou definitivamente para a lata de lixo da História – considero oportuno, num período como o atual, de grande efervescência dos movimentos negros e de intensa discussão do tema, que as várias acepções deste termo sejam ventiladas, mesmo que seja para comprovar que não há mais razão para utilizá-lo nos dias de hoje.

Negritude/negritudes: substantivo próprio ou comum? Movimento político, social, literário, tudo isto ao mesmo tempo, ou vocábulo utilizado simplesmente para referir o fato de se pertencer à raça negra? É com essas interrogações que inicio este trabalho, consciente da difi-culdade de lidar com um termo polissêmico e da respon-sabilidade que representa, sobretudo no atual momento histórico, mexer com um conceito que se coagulou em ideologia. Em função disso, trarei à discussão a opinião de muitos autores que estudaram longamente a ques-tão e que a situaram de diferentes modos, para que o leitor, munido também da bibliografia comentada que é aconselhada nas últimas páginas, possa construir sua própria opinião.

Para os que iniciam a leitura, *axé!* que significa *força vital*, sem a qual, segundo a cosmogonia nagô, os seres não podem ter existência nem transformação.

A CONSTRUÇÃO DO ESTEREÓTIPO

O que é estereótipo? O estereótipo parte de uma generalização apressada: toma-se como verdade universal algo que foi observado em um só indivíduo. Conheci um gordo que era preguiçoso, um judeu desonesto e um negro ignorante, por exemplo, e generalizo, afirmando que "todo gordo é preguiçoso", "todo judeu é desonesto" e "todos os negros são inferiores aos brancos". A construção do estereótipo pode se dar por ignorância ou quando há um objetivo de dar como verdadeiro algo que é falso, com a finalidade de tirar proveito da situação.

Na Europa do século XVI configura-se uma tendência a ver a cultura do outro nem como superior nem como inferior à nossa, mas simplesmente *diferente,* e como tal digna de nosso interesse e respeito. Essa linha, infelizmente, não foi a regra geral, pois, como sabemos, o "descobridor" da América, Cristóvão Colombo, assumiu nitidamente uma postura contrária, caracterizada pelo desprezo completo pelos elementos culturais das populações autóctones, que ele julgava "primitivos" ou "bárbaros".

Na verdade será esse modelo – que estabelece a dialética *civilização X barbárie,* e que se caracteriza por considerar bárbaro tudo que escapa ou difere de um horizonte cultural dado (tendo sido exemplarmente metaforizada por Shakespeare através dos personagens Próspero e Calibã, da peça *A Tempestade*) – que será assumido pelas classes dominantes do Novo Mundo, ansiosas por encontrar uma ideologia que justificasse a prática da escravidão. O maior perigo da ideologia, como se sabe, não é apenas permitir a dominação de um grupo sobre o outro, mas procurar atribuir a causas falsas, apresentadas de preferência através de um discurso pretensamente científico e verdadeiro, a dominação real.

Essa "ideologia *da barbárie*" solidifica-se ao longo do século XVIII, por intermédio da retórica habilidosa de filósofos com Montesquieu, que em sua obra mais importante, *Do Espírito das Leis,* justifica a escravidão negra na América, afirmando que: "é impossível supormos que tais gentes (os negros) sejam homens, pois, se os considerássemos homens, começaríamos a acreditar que nós próprios não somos cristãos".

No início do século XIX, também o filósofo alemão Hegel, em suas *Lições de Filosofia da História Universal* (1822-1831), sustentou que nem os povos da África nem os da América estavam aptos a realizar a Ideia da

Razão, estando, pois, condenados a "vagar no espaço natural, a menos que, pelo contato com os europeus – tocados pelo Espírito – essas hordas primitivas tomassem consciência de si".

Será somente em nosso século que ciências como a etnologia, a antropologia e a própria biologia desconstruirão – espera-se, definitivamente – a falácia que consistiu em considerar as *culturas* como produtos *de raças,* isto é, do patrimônio biologicamente hereditário de uma população. O antropólogo francês Claude Lévi-Strauss, em uma obra intitulada *Race et Histoire* (1961), ressalta o fato de que a *diversidade cultural não tem relação direta com as raças.* Se existe originalidade cultural, esta se deve a circunstâncias geográficas e sociológicas e não à constituição anatômica ou psicológica dos negros, dos amarelos ou dos brancos.

Em 1964, cientistas reunidos na UNESCO concluem, por unanimidade, que "os povos da terra parecem dispor hoje de potencialidades biológicas iguais de aceder a qualquer nível de civilização. As diferenças entre as realizações dos diversos povos parecem explicar-se exclusivamente por sua história cultural".

Entretanto, apesar da legitimidade e da irrefutabilidade dessas constatações científicas, que corroem totalmente as afirmativas sobre a impossibilidade dos negros de terem acesso ao mundo das ideias, elas não dissipam em poucas décadas os estereótipos negativos construídos em relação aos negros durante séculos, principalmente porque – e esta é outra estratégia dos grupos interessados na manutenção do preconceito e da discriminação – a grande massa da população não tem acesso ao conhecimento científico, continuando a repetir, até por força da inércia, as ideologias racistas a esta altura já profundamente enraizadas nos corações e nas mentes das pessoas. E o que é ainda pior: essas ideologias racistas, que dão fundamento aos preconceitos, são introjetadas até mesmo pelos próprios negros, que ou permanecem em um estado de alienação ou decidem parar para reavaliar a situação, o que muitas vezes desencadeia uma verdadeira "crise de identidade".

É justamente desse modo – como crise de identidade – que nasce o movimento da Negritude.

A DESCONSTRUÇÃO DO ESTEREÓTIPO: A NEGRITUDE

A etimologia

Negritude é uma palavra polissêmica, isto é, que possui várias significações, portanto devemos estar alertas quando a lemos ou ouvimos, ou quando a empregamos, para não errar ou não induzir os outros a erro.

Comecemos por referir um artigo de Lylian Kesteloot (1973), no qual a autora preocupa-se em listar as múltiplas significações desse vocábulo que é um neologismo, pois surgiu na língua francesa há aproximadamente 50 anos. *Negritude* pode remeter:

- ao fato de se pertencer à raça negra;
- à própria raça enquanto coletividade;
- à consciência e à reivindicação do homem negro civilizado;

- à característica de um estilo artístico ou literário;
- ao conjunto de valores da civilização africana.

Abra-se um parêntese para registrar que, no Brasil, a palavra *negritude* é dicionarizada pela primeira vez em 1975, no *Novo Dicionário da Língua Portuguesa,* de Aurélio Buarque de Holanda. Os dicionários anteriores, inclusive o do próprio Aurélio, não a registravam, o que comprova tratar-se de um neologismo formado, por sinal, a partir do latim.

O *Novo Aurélio* define *negritude* como: 1) estado ou condição das pessoas de raça negra; 2) ideologia característica da fase de conscientização, pelos povos negros africanos, da opressão colonialista, a qual busca reencontrar a subjetividade negra, observada objetivamente na fase pré-colonial e perdida pela dominação da cultura ocidental.

Note-se esta passagem: "característica da fase de conscientização". Aceitando-se essa definição, a negritude deve ser vista como etapa que, portanto, deverá ser substituída por outra. Desse modo, o conceito encerra a noção de negritude como algo transitório, algo a ser superado, após a fase de conscientização. Esse aspecto da *superação* ou não da negritude deverá voltar à baila ao longo desta exposição, no momento em que fizermos o *balanço* do movimento, analisando os vários estudos críticos que assinalam seus principais méritos e seu "calcanhar-de-aquiles".

O(s) conceito(s)

Cumpre ressaltar que o movimento surgido por volta de 1934, em Paris, e que foi definido pelo poeta antilhano Aimé Cêsaire como "uma revolução na linguagem e na literatura que permitiria *reverter o sentido pejorativo da palavra negro para dele extrair um sentido positivo"*, só foi batizado com o nome de *negritude* em 1939, quando ele é utilizado pela primeira vez em um trecho do *Cahier d'un retour au pays natal* ("Caderno de um regresso ao país natal"), poema de Césaire que se tornou a obra fundamental da negritude.

É interessante lembrar também que a palavra *négritude,* em francês, tem uma força de expressividade e mesmo de agressividade que se perde em português, por derivar de *nègre,* termo pejorativo, usado para ofender o negro, uma vez que existe a palavra *noir.* A ideia foi justamente assumir a denominação negativamente conotada para reverter-lhe o sentido, permitindo assim que a partir de então as comunidades negras passassem a ostentá-lo com orgulho e não mais com vergonha ou revolta. Essa foi uma estratégia para desmobilizar o adversário branco, sabotando sua principal arma de ataque – a linguagem – e provando que os signos estão em permanente movimento de rotação. Logo, os signos que nos exilam são os mesmos que nos constituem em nossa condição humana.

Cinquenta anos após seu surgimento, um de seus criadores, Aimé Césaire, redefine a negritude, em entrevista ao escritor haitiano René Depestre, publicada no livro *Bonjour et adieu à la négritude*: "Tenho a impressão de que (a negritude) foi, de algum modo, uma criação coletiva. Eu empreguei a palavra pela primeira vez, é verdade. Mas em nosso meio nós todos a empregávamos. Era verdadeiramente a *resistência à política de assimilação*".

Por *política de assimilação* Césaire quer se referir à tendência dos povos americanos, sobretudo dos negros, de assimilar a cultura europeia (processo de *aculturação*) e a consequente perda da memória das culturas de origem, indígena e africana (processo de *desculturação*).

Cesáire atribui tanta importância a essa assimilação – que implica perda dos referentes da cultura ancestral sem a aquisição efetiva da outra –, que, na mesma entrevista, ele volta a referir-se ao fenômeno: "Se me perguntarem como eu concebo a negritude, eu direi que a negritude é, primeiramente, *uma tomada de consciência concreta e não abstrata*. É muito importante o que acabei de referir, isto é, a atmosfera na qual vivíamos, ou seja, a *atmosfera de assimilação* onde o negro tinha vergonha de si mesmo".

A proposta da negritude, em seus primórdios, era pois a rejeição dessa assimilação, que representava uma "macaqueação" não apenas da cultura como da mentalidade francesa, levando o povo a só considerar positivos os modelos que vinham da Europa e a revalorização da cultura dos ancestrais africanos. Essa rememorização do patrimônio cultural negro e sua adaptação ao contexto americano correspondem a um processo de *neocultura-ção*. (Entenda-se aqui *cultura* em seu sentido mais amplo, correspondendo ao "conjunto dos padrões de comportamento, das crenças, das instituições e dos valores transmitidos coletivamente").

O conceito do poeta senegalês Léopold Sédar Senghor se alicerça sobre a existência de uma *alma negra*. Tentando definir essa "alma negra", isto é, a psicologia do negro africano, Senghor afirma que ela é essencialmente emotiva, em contraposição à racionalidade do branco. À civilização materialista europeia, Senghor contrapõe os *valores negros* fundados na vida, na emoção e no amor, que para ele são privilégio do negro.

Negritude: substantivo próprio/ *negritude*: substantivo comum

Do que foi exposto acima, acho que é importante reter que, basicamente, podemos falar de "negritude" em dois sentidos:

1) em um sentido lato, *negritude* – com *n* minúsculo (substantivo comum) – é utilizada para referir a tomada de consciência de uma situação de dominação e de discriminação, e a consequente reação pela busca de uma identidade negra. Nesta medida, podemos dizer que houve negritude desde que os primeiros escravos se rebelaram

e deram início aos movimentos conhecidos por *marronnage*, no Caribe, *cimmarronage*, na América Hispânica, e *quilombismo*, no Brasil, iniciados logo após a chegada dos primeiros negros na América.

Usando-o neste primeiro sentido, Césaire pôde afirmar que "enquanto houver negros haverá negritude, pois não consigo conceber nenhum negro que possa virar as costas a seus valores fundamentais".

2) em um sentido restrito, *Negritude* – com *N* maiúsculo (substantivo próprio) – refere-se a um momento pontual na trajetória da construção de uma identidade negra, dando-se a conhecer ao mundo como um movimento que pretendia reverter o sentido da palavra negro, dando-lhe um sentido positivo.

UM POUCO DE HISTÓRIA

As origens

Historicamente, a negritude, considerada em seu sentido amplo, isto é, como momento primeiro de tomada de consciência de uma situação de dominação e/ou discriminação, pode ser situada em solo americano quase que simultaneamente à chegada dos primeiros escravos oriundos da África. Nesta medida, podem ser considerados como manifestações da negritude a revolta dos escravos no Haiti, onde liderados por Toussaint Louverture os negros chegaram a obter a independência do país em 1804, e os quilombos brasileiros, que representaram o primeiro sinal de revolta contra o dominador branco.

Na verdade, a ação do herói da libertação haitiana – Toussaint Louverture – e a do herói do Quilombo dos Palmares – Zumbi – podem ser tomadas como o marco zero da negritude, na medida em que esta, em suas origens, associa-se ao *marronage*: comportamento revolucionário que levou os escravos *a* fugirem de seus senhores em busca de liberdade, preferindo o espaço agreste das matas à condição de submissão imposta no espaço da fazenda.

O Haiti foi portanto o país onde a negritude ergueu-se pela primeira vez, pois essas rebeliões de escravos e suas tentativas de organização política e social representaram o início de uma luta por uma vida autônoma, longe da vigilância implacável dos senhores.

Não é sem razão, portanto, a escolha no Brasil, por grupos negros organizados, da data da morte de Zumbi – o grande líder do maior e mais conhecido dos quilombos, o dos Palmares –, dia 20 de novembro, como o Dia Nacional da Consciência Negra.

Esse gérmen da insurreição foi herdado pelos descendentes de escravos, que, na condição de libertos do regime escravista (o processo de libertação foi iniciado no Haiti, em 1804, e só foi concluído em 1888, com a Abolição brasileira), tiveram que prosseguir sua luta contra formas ora explícitas, ora sutis de preconceito e discriminação. O escritor norte-americano William Edwards Du Bois (1868-1963) pode ser considerado como o "pai" do movimento de tomada de consciência de ser negro, embora o termo *negritude* só viesse a ser cunhado muitos anos mais tarde.

Pode-se considerar que o movimento de Du Bois foi o embrião para a conquista de espaços mais importantes de afirmação surgidos nos anos 20 no bairro nova-iorquino do Harlem (bairro negro), onde uma população estimada em 300 mil negros não tinha deixado morrer formas artísticas herdadas de sua ancestralidade africana. Surge aí o *Negro Renaissance,* ou renascimento negro, que, como o nome indica, pretendia fazer reviver a autoconsciência do negro americano, propondo não uma utópica volta à África, mas uma redefinição do papel do negro em solo norte-americano. Entre os articuladores do movimento estão os hoje muito lidos e traduzidos escritores norte-americanos Langston Hughes, Claude Mackay e Richard Wright, entre outros, que passaram a fazer da denúncia da situação de discriminação e de opressão econômica de que eram vítimas sua temática obsessional.

Um poema de Langston Hughes adquiriu a força de um hino para os negros não só dos Estados Unidos como do Caribe e da América do Sul, que encontraram nele o incentivo que necessitavam para fazer emergir sua consciência:

EU TAMBÉM CANTO AMÉRICA

Eu sou o irmão negro / Eles me mandam comer na cozinha / Quando chegam as visitas / Mas eu rio / E como bem / E cresço forte / Amanhã / Eu estarei na mesa / Quando as visitas vierem / Ninguém ousará dizer-me / 'Vá comer na cozinha' / Então. / Além disso / Eles verão como sou bonito / E terão vergonha. / Eu também sou América.

A gestação

Que acontecimentos históricos marcaram os anos 1920-1930, período de gestação da Negritude?

Nos Estados Unidos, grave crise econômica provocada pelo *crack* da bolsa de Nova York; na Rússia, início dos expurgos de Stalin, após a Revolução de 1917; na Alemanha, Itália e Espanha, ascensão do nazi-fascismo (ideário que, infelizmente, encontrou adeptos nos demais países da Europa e até nas Américas); na África, grande parte dos países sob dominação do colonialismo europeu; no Haiti, recolonização econômica pelos Estados Unidos, em 1915. Completando o panorama, a situação geral dos negros nas Américas: descendentes de escravos, eles formam o proletariado (quando não o lumpemproletariado, constituído pela camada marginal da população), sofrendo com o racismo e a segregação. Note-se que a Declaração dos Direitos do Homem só será proclamada em 1948, o que, diga-se de passagem, não alterará muito o quadro.

Convém destacar a importância da invasão das tropas estadunidenses, em 1915, no Haiti, o qual, como já mencionamos, foi o primeiro país da América a fazer sua

O que é Negritude 25

Então./ Além disto,/Eles verão como sou bonito/ E terão vergonha –/ Eu também sou América.

independência, através de uma revolta de escravos. Diferentemente da Martinica, Guadalupe e Guiana Francesa, que são departamentos franceses de além-mar, o Haiti é um país independente. No momento em que a prodigiosa conquista dos haitianos – a um só tempo da independência da dominação francesa e da abolição da escravatura – é posta em xeque, pela situação de recolonização, desta vez pelos norte-americanos, os intelectuais haitianos são obrigados a repensar sua independência.

Coincidentemente, 1915-1920 é o período do Renascimento Negro do Harlem que começa a difundir ideias como preocupação com a identidade do negro e recusa ao colonialismo. Essas preocupações, que buscavam essencialmente sacudir a alienação geral do povo, encontram no Haiti um solo fértil para a sua expansão. Surge, então, em 1927, *La Revue Indigène,* em torno da qual se reunirão intelectuais defensores do movimento *indigenista,* que pode sem dúvida ser considerado como uma das primeiras manifestações da negritude.

Indigenismo seria a (re)valorização da cultura indígena no Haiti. Que cultura era essa? Era a cultura dos povos que habitavam a região do Caribe antes da chegada de Cristóvão Colombo, basicamente os *caraíbas* e os *arauaques,* os quais foram totalmente dizimados pelo conquistador. *Indígena* passou então a remeter à herança cultural africana. O indigenismo prega o retorno à cultura autóctone e popular, valorizando os falares crioulos e o vodu, religião que, como o candomblé brasileiro, foi proscrita durante muitos anos. É um período *de identificação com a problemática latino-americana, cabendo ressaltar a coincidência,* no Brasil, com o *Manifesto Antropofágico* (1927) de Oswald de Andrade.

Enquanto isso, em Cuba, uma ilha de língua espanhola do Caribe, está se engendrando o movimento chamado de *negrismo cubano,* no qual um dos autores que mais se destacou foi o poeta negro Nicolás Guillén, cuja obra repercutiu muito no Brasil, na década de 60, onde um dos principais poetas negros brasileiros – Solano Trindade – dedica poemas ao "seu irmão cubano".

Não é difícil imaginar que se agudizaria a cada dia a tensão que se verificava principalmente entre as elites intelectuais negras, conscientes da situação dos negros "em toda parte vencidos, humilhados e subjugados", mesmo após decorridos tantos anos da abolição, em cada país.

Entre esses intelectuais, havia um grupo de estudantes oriundos das Antilhas e da África, para estudar em Paris, os quais pela primeira vez em um meio branco – a Europa do período entre-guerras – sentiam na carne a sensação de serem percebidos com *diferentes* devido à cor de sua pele. Acrescentem-se a isso os ecos do movimento americano, e poderemos imaginar uma situação semelhante à de um barril de pólvora prestes a explodir. E explodiu mesmo: da reunião desses estudantes negros surge, em 1932, o *Manifesto da Legítima Defesa,* denunciando com agressividade a exploração do proletariado negro no mundo. O núcleo principal da acusação incidia sobre a dominação intelectual que levava à assimilação do colonizado, fazendo-o acreditar-se inferior, como se pode ler neste trecho do manifesto:

> "Progressivamente, o antilhano de cor renega a sua raça, seu corpo, suas paixões fundamentais e particulares ... chegando a viver em um domínio irreal determinado pelas ideias abstratas e pelo ideal de um outro povo. Trágica história do homem que não pode ser ele mesmo, que tem medo, vergonha...".

Entre esses estudantes encontravam-se os que hoje são reconhecidos como os grandes nomes da Negritude: Aimé Césaire (Antilhas), Léopold Sédar Senghor (África) e Léon Damas (Guiana Francesa), que, em nome da crítica "do sistema colonial e da defesa da personalidade negra", fundam em 1935 o jornal *L'Étudiant Noir,* que terá importante papel a desempenhar na difusão do movimento.

O termo *Negritude,* contudo, só vai aparecer em 1939 no célebre poema de Aimé Césaire *Cahier d'un retour au pays natal*:

> minha negritude não é nem torre nem catedral
> ela mergulha na carne rubra do solo

ela mergulha na ardente carne do céu
ela rompe a prostração opaca de sua justa paciência.

A maturação

Surgindo na Europa, é natural que o movimento tenha se valido de elementos da cultura europeia: ele nasce na convergência de três *ismos,* em voga desde o início do século, os quais vão conferir-lhe muita força: *marxismo, surrealismo* e *existencialismo.*

O marxismo, por ser a força política mais apta a sustentar os colonizados em sua revolta; o surrealismo, por privilegiar o "primitivo", solapando os valores racionalistas do Ocidente, adapta-se como uma luva a um movimento que pretende contrapor a EMOÇÃO à RAZÃO, o MÁGICO ao CIENTÍFICO; o existencialismo, por ser a filosofia segundo a qual o homem se define pela ação.

Efetivamente, os três principais polos da Negritude: Estados Unidos, Antilhas e África, traziam em seu bojo, ao menos em um primeiro momento, os fundamentos do comunismo internacional, que pregava uma sociedade sem classes e sem discriminação racial.

Num primeiro momento, portanto, é a perspectiva marxista de análise da sociedade que favorece o despertar de uma *consciência de raça negra.* Com o passar do tempo, verificam-se duas tendências: uma que opera o trânsito para uma *consciência de classe* e a consequente identificação com todos os oprimidos, independentemente da cor da pele, e outra que permanece presa unicamente a uma *consciência de raça,* fato que suscitará as primeiras críticas.

Em um poema, defendendo a *raça universal dos oprimidos,* J. Roumain escreve o epitáfio da negritude enquanto tendência que pretendesse privilegiar unicamente a opressão do homem negro, sem se preocupar com brancos, amarelos ou vermelhos:

> África, guardei tua memória
> estás em mim
> como um fetiche tutelar no centro do povo
> CONTUDO
> quero ser apenas de vossa raça,
> operários e camponeses de todos os países.

Como evoluirá a Negritude nos anos seguintes, durante e após a Segunda Guerra Mundial (1939-1945)?

O movimento passará por uma fase que pode ser chamada de militante, na qual o mais importante é o engajamento na missão pela libertação das colônias africanas, o que vem a ocorrer na década de 60.

O movimento se amplia, se internacionaliza, alcançando adeptos em outros países do Terceiro Mundo, como o Brasil. A literatura se enriquece com romancistas, poetas e ensaístas que atingem estatura universal.

A fratura

Se foi possível falar, durante largo tempo, em "universalismo da Negritude", na década de 50 acontece o que ocorre com toda palavra que se torna *slogan*: ela passa a sofrer um desgaste, na medida em que começa a ser empregada por diferentes grupos com ideologias diversas, em diferentes contextos e acepções.

Que elementos estariam ligados a essa fragmentação?

Um deles foi o recuo de Senghor, um dos artífices da Negritude e que foi depois presidente do Senegal; o outro foi o célebre prefácio de Jean-Paul Sartre "Orfeu Negro" – sobre o qual ainda tornaremos a falar – que alerta para o perigo de o movimento tornar-se, pela radicalização, um *racismo às avessas*. Porém, o fator determinante da fragmentação foi a recuperação do movimento pelas elites dominantes, que espertamente se apercebem de que alguns grupos radicalizam-se na reivindicação de uma *especialidade da raça e dos valores negros*, pondo de lado a necessária solidariedade entre os oprimidos, independentemente da cor da pele.

Em outras palavras, os brancos irão tirar partido dessa espécie de *cordão de isolamento* proposto pelos próprios negros, passando a valer-se dessa contingência para discriminar mais uma vez os negros, sob a alegação de que são eles mesmos que se querem *diferentes.*

Essa atitude acaba afastando cada vez mais a Negritude do propósito maior pelo qual foi criada: o de promover a igualdade entre os homens.

TRILHANDO DIFERENTES TRILHAS: AIMÉ CÉSAIRE E LÉOPOLD S. SENGHOR

Aimé Césaire (Antilhas)

Para Aimé Césaire, a Negritude representava, antes de tudo, um ato de subversão, a qual se realizava no nível da linguagem. A palavra de ordem era subverter os discursos rituais que se impunham aos negros colonizados, fazendo-os escrever poemas sobre neve, pinheiros e outros tantos elementos da flora e da fauna europeias que os poetas do Caribe jamais haviam visto. Redescobrir e principalmente renomear o seu país e as suas coisas, redefinir sua identidade de *negro na América* era a proposta desse movimento que queria fazer tábula rasa do princípio de imitação e de submissão aos padrões culturais da Europa.

Em síntese: dizer um basta definitivo à submissão do negro ao branco.

Césaire pleiteava, pois, uma via de autenticidade por oposição ao clima de *inautenticidade* reinante entre os negros da América convencidos de que o único modelo cultural válido era o modelo branco ocidental. A Negritude césairiana pregava uma rejeição absoluta a essa concepção e suscitava a emergência de uma *personalidade antilhana.*

Nesse contexto, Negritude exprime o fato de ser negro e propõe que os negros assumam as decorrências psicológicas e comportamentais desse fato.

Segundo um estudioso da Negritude, Alain Blerald, a concepção de Césaire e a de Senghor "participam de uma motivação comum: a busca de *um novo humanismo".* O que diferencia os dois poetas é o modo de chegar a esse humanismo. O poeta martinicano tentará conciliar marxismo e humanismo, propondo uma estética de *ruptura e revolução.*

Léopold Sédar Senghor (África)

Senghor tentará atingir esse humanismo pela via do espiritualismo, propondo uma estética da conciliação e da evolução. Para isso utiliza instrumentos de pesquisa africanos e ocidentais.

A grande crítica que se faz a Senghor é de, após as tão sonhadas independências das ex-colônias africanas, que ocorreram nos anos 60, ele se ter deixado utilizar pelos interesses do neocolonialismo, permitindo que a

Negritude fosse recuperada e utilizada como arma pelo sistema imperialista.

No momento em que a quase totalidade dos negros na África e nos demais países estava independente, Senghor não conseguiu mudar o registro do seu discurso para mostrar ao mundo que o real inimigo a ser combatido no momento era o subdesenvolvimento e suas consequências naturais: miséria, fome e analfabetismo.

A Negritude de Senghor "limita-se a um pretenso reconhecimento pela Europa da dignidade da África, consagrando a dicotomia do mundo: a Europa, pretensamente árida por sua tecnologia; a África, mais rica de valores espirituais".

Aliás, essa divisão, expressa pelo ex-presidente do Senegal na frase "A emoção é negra como a razão é grega", foi desde muito cedo motivo de ataques, pois prende-se a teorias etnológicas ultrapassadas que consideram a raça negra incapaz de atingir níveis de pensamento lógico.

A diferença de situação talvez seja uma das razões determinantes do surgimento dessas duas Negritudes. O fato de Senghor estar inserido na realidade africana e Césaire exilado na América faz com que Senghor admita a mestiçagem. Para ele a aproximação com o Ocidente parece benéfica. Césaire distancia-se cada vez mais dessa posição, identificando-se com os primeiros negros chegados à América como escravos, aos quais tudo foi subtraído: a língua, a cultura, e até o próprio nome, obrigados que foram a *assimilar* os padrões culturais do colonizador. Nesta medida, para o negro transplantado para a América não há outro caminho senão reinventar o país e rebuscar sua mitologia.

Assim, a maior parte das críticas que se fazem hoje em dia à Negritude tem como principal alvo a configuração que ela adquiriu sob a influência de Senghor que terminou *eternizando o racismo.*

BALANÇO GERAL: LUCROS E PERDAS

A revisão crítica

Tendo sido útil, quando de seu surgimento, por desmascarar um apregoado universalismo cultural dos povos dominadores e por incentivar a eclosão e o interesse pela diversidade cultural, a Negritude será desde logo repensada e questionada.

Será Jean-Paul Sartre quem, em 1948, fará em um texto que se celebrizou – "Orfeu negro" –, o primeiro questionamento sério ao movimento.

Neste texto Sartre sublinha o papel subversor da Negritude, afirmando que ela representou o ato de jogar de volta a pedra que o branco atirara no negro ao chamá-lo de *negro* com desprezo, assumindo-se como negro com altivez e orgulho.

Concebendo a Negritude como uma progressão dialética (tipo de raciocínio que apresenta uma *tese,* uma *antítese* e uma *síntese*), Sartre a coloca como *antítese,* sendo a *tese* a supremacia do branco. Para o filósofo francês, a *síntese* seria o passo seguinte, a superação da Negritude. Em que consistiria essa síntese? Na construção de uma sociedade sem classes. Assim, a Negritude seria algo transitório: passagem e não término, meio e não fim último.

Embora esse texto tenha tido o grande mérito de mostrar ao mundo que a Negritude representou um momento decisivo para o negro, que foi o reencontro com sua subjetividade – relação de si mesmo consigo – gerou muitos protestos da intelectualidade negra da época e mesmo de hoje em dia.

Independentemente dos protestos que suscitou, a palavra sartreana causou profundo abalo no movimento e desencadeou outras tantas críticas que fragmentaram cada vez mais a Negritude.

Essas críticas podem ser agrupadas em torno de dois pontos fundamentais:

1) especificidade de raça;
2) supremacia dada ao conceito de raça em detrimento do de classe.

Em relação ao primeiro ponto, podemos reafirmar o que já foi ventilado no capítulo 1: é cientificamente falsa

O que é Negritude

e ideologicamente perigosa a vinculação automática entre raça e cultura, ou seja, estabelecer correspondência imediata entre as características psicofísicas dos indivíduos de um determinado grupo étnico e sua produção cultural.

Logo, segundo os críticos, a Negritude, ao encerrar-se na consciência epidérmica, num mero "reconhecer-se pela cor da pele", teria determinado o nascimento de um *racismo às avessas,* condenando-se a si própria ao museu da História. Longe de ser unicamente uma questão de *comunidade de raça,* o grande problema dos negros espalhados pelo mundo está atrelado à sua condição de oprimido devido a uma ordem social injusta.

O segundo ponto, que se constitui no alvo central da crítica marxista, constrói-se sobre a afirmação de que o conceito de raça é particular e concreto, enquanto o de classe é universal e abstrato, e que portanto a Negritude, ao privilegiar a afirmação da raça, estaria mascarando o real problema do negro – sua situação de proletário ou menos do que isto – e dificultando a solidariedade entre os oprimidos.

É preciso, entretanto, destacar que a Negritude, tal como foi concebida em seus primórdios, ao tempo de *Legitime Défense* (1932), concebia "o desenvolvimento dos 'valores negros' no interior do combate político", e que *a ênfase dada à valorização puramente racial do indivíduo* constitui-se já num *desvio* do movimento.

Em síntese, se é possível creditar pontos extremamente positivos à Negritude como o fato de ter representado um definitivo basta a uma tendência dos negros nas Américas para um *bovarismo coletivo,* isto é, para uma inclinação a assumir uma personalidade fictícia que não combinava com a realidade, a ela, ou aos seus desdobramentos, também podem ser debitados muitos pontos negativos.

Esquematizando, são os seguintes os principais *lucros* auferidos com o movimento:

1) reconhecimento e aceitação do fato de ser negro e a consequente revalorização da herança cultural ancestral;

2) desconstrução de uma ideologia que, "com seus silêncios e suas lacunas", consagrava a supremacia da "raça" branca;

3) devoração da imagem negativa com que as comunidades eram representadas no "mundo branco";

4) início do processo de construção de uma auto-imagem positiva;

5) tomada de consciência da necessidade de passar da condição de *observado* (*objeto da História*) para a de *observador* (*sujeito da própria História*).

E as seguintes as principais *perdas*:

1) encobrir a verdadeira origem do problema dos negros – fome, miséria, analfabetismo, devidos à situação de subdesenvolvimento econômico – atribuindo-a às origens raciais;

2) ter-se revelado incapaz de reverter o esquema colonial: as "metrópoles" continuam exercendo seu papel espoliador (veja-se a difícil situação dos recém-emancipados países africanos, o caos reinante no Haiti, sem mencionar a precariedade da condição dos negros na totalidade dos países do Terceiro Mundo);

3) ter servido para corroborar a tese da "emotividade" do negro (Senghor) a qual traz embutida a dependência do negro à "racionalidade" ocidental.

Balanço

É possível concluir que se deve *rejeitar* uma negritude que, apoiada na crença de especificidades inatas entre indivíduos pertencentes a um determinado grupo étnico, termina por institucionalizar-se e servir a grupos dominantes interessados em mascarar a realidade. É esta negritude – que camufla, em nome de uma suposta originalidade e diferença dos negros, o verdadeiro problema, que passa pela reestruturação socioeconômica da sociedade – que tem sido alvo das mais violentas críticas.

Considero, contudo, *positiva* uma negritude que, estruturando-se na noção de partilha de um mesmo passado histórico, congrega os indivíduos em torno da reafirmação dos "valores negros" sem excluir o combate político. Em muitos escritores, o eco de uma consciência negra ressurge num discurso engajado na luta contra qualquer tipo de opressão. Nesta medida, a reivindicação de uma *identidade negra* pode coabitar com a reivindicação de outras dimensões da identidade, como a nacionalidade, a sexualidade, etc. Isto é, o sentimento de *querer-se negro* não exclui as outras possíveis afirmações identitárias como querer-se brasileiro e latino-americano, homem ou mulher, etc.

Se a Negritude, entendida como discurso centrado no particular – a especificidade de raça – foi desde cedo questionada, quais teriam sido as propostas de encaminhamento do processo de busca, pelas comunidades negras, de uma *consciência autônoma,* desencadeado pelo movimento da Negritude?

Alguns autores defendem a fraternidade universal, reivindicando a eliminação das barreiras impostas por categorias raciais, regionais e até nacionais. Abaixo os rótulos e as etiquetas, sempre redutores.

O que se observa, portanto, é a tendência de substituir a Negritude por um *universalismo.* Cabe aqui um alerta: não se atinge a esfera do universal sem passar pelo que é específico, particular. Nicolás Guillén já ensinara que o caminho que o levou a reconhecer sua *cubanidade* e *sua americanidade* passou pelo *necessário reconhecimento de sua condição de negro.*

Portanto, é preciso que fiquemos atentos para o fato de que as teses do "universalismo" podem ser um suporte ideológico para reduzir o outro ao silêncio. Qualquer que seja o nome que adotem ou venham a adotar os movimentos negros, uma coisa é certa: o mundo negro da diáspora, ou seja, a dispersão dos negros pelo mundo em função da instituição escravagista, dado o caos cultural em que se encontra, pelo processo de *desterritorialização* de que foi vítima tem uma necessidade premente de um discurso comum, de um cimento ideológico para se remembrar.

NEGRITUDE NO BRASIL

Período pré-abolicionista: Luiz Gama: a "boditude", ou a negritude antes do tempo

Em pleno período escravagista – 1861 – um negro liberto, filho de escrava, chamado Luiz Gama, assume pela primeira vez o termo BODE com que pejorativamente eram chamados os negros, devolvendo assim ao branco a "pedra" que este lhe atirara:

Se negro sou ou sou bode
Pouco importa o que isto pode?
Bodes há de toda casta,
Pois que a espécie é muito vasta
(*Trovas Burlescas*)

Na verdade esse poema, intitulado "Quem sou eu?", mas também conhecido como *Bodarrada,* utiliza a palavra *bode* sem dela envergonhar-se, mas ao contrário, para afirmar com muita ironia que, no Brasil, "a espécie é muito vasta", isto é, que com o processo de miscigenação poucos são os brasileiros que podem ter certeza de não ter sangue negro correndo em suas veias. Essa atitude de *esvaziar* uma palavra de seu sentido negativo, dessacralizando seu uso, foi exatamente a mesma utilizada pelos poetas antilhanos que iniciaram a negritude revertendo o sentido pejorativo de *nègre.*

Isso nos autoriza a considerar a poesia de Luiz Gama como precursora em nosso país de uma linha de afirmação de identidade negra que pode, no limite, ser considerada uma *negritude antes do tempo.*

"Quem sou eu?", a exemplo da poesia da negritude em seus primeiros tempos, vai no contrafluxo das escolas literárias de sua época, revogando, no espaço do poema, o sistema de hierarquia social que exigia respeito e reverência à nobreza e a outros segmentos das classes dominantes:

Aqui n'esta boa terra
Marram todos, tudo berra
Nobres, condes e duquezas,
Ricas damas e marquesas,
Deputados, senadores
. . . .

Frades, bispos, cardeais
. . . .
Em todos há meus parentes
Entre a brava militança
Fulge e brilha alta bodança.
(*Trovas Burlescas,* p. 113)

Construindo um discurso poético *carnavalizado,* isto é, aquele que abole a desigualdade entre os homens, Luiz Gama consegue dar ao poema uma força desmistificadora que, ao mesmo tempo, nega o discurso branco, que associa negro a bode, e amplifica o valor pejorativo da palavra, estendendo-a também aos brancos.

A obra de Luiz Gama constitui-se, pois, em um marco no processo de conscientização do negro brasileiro e também da literatura negra brasileira porque, pela primeira vez, põe a nu as tensões e contradições da sociedade às vésperas da Abolição, redimensionando o papel do negro nessa sociedade.

Ao contrário de Castro Alves, em cuja poesia o negro continua sendo o *outro,* ou seja, aquele de quem se fala, Luiz Gama se assume como *outro,* como aquele que é mantido pela "maioria" branca em uma situação de estranheza dentro do corpo social. Nesta medida, sua poesia configura-se como um *divisor de águas* na literatura brasileira, pois traz à tona a fala do negro que assume a primeira pessoa do discurso.

Esta linha de indagação da identidade através da literatura terá seus seguidores a partir de 1927, com Lino Guedes, fortalecendo-se na década de 60 com Solano Trindade, Oswaldo de Camargo e Eduardo de Oliveira, e encontrando seus momentos de culminância a partir de 1978, com o surgimento de grupos literários como *Quilombhoje* (São Paulo) e *Negrícia* (Rio de Janeiro).

O período pós-abolicionista

Apesar de não ter havido no Brasil a tendência de nomear os vários momentos de tomada de consciência de ser negro com o termo *negritude,* a palavra é usada, sobretudo a partir dos anos 60, por alguns poetas, em seu sentido mais abrangente, referindo-se à consciência e à reivindicação da comunidade negra.

Roger Bastide destaca o surgimento, em São Paulo, do TEN (Teatro Experimental do Negro), em 1944, como uma manifestação da negritude na medida em que procurou resgatar os complexos de inferioridade do negro criados por toda uma literatura onde ele jamais ocupou o papel de herói, mas o de vilão, ou subordinado.

O TEN objetivou, tanto no plano artístico quanto no cultural, valorizar a contribuição contra "o estupro cultural cometido pelos brancos". Definido por seu criador, Abdias do Nascimento, como sendo um "instrumento e um elemento da negritude", o TEN montava peças para um público negro, escritas por autores negros para serem interpretadas por atores negros aos quais era confiada a ação heroica.

O TEN foi uma espécie de modelo brasileiro da negritude, onde o negro "afiou os instrumentos de sua recusa, engendrada na espoliação e no sofrimento: recusa da assimilação cultural, recusa da miscigenação compulsória".

Considero porém que, se o *teatro* desempenhou um papel importante na formação de uma consciência negra e até mesmo de uma consciência de nacionalidade, a *imprensa* negra, surgida em 1915, teve ainda maior importância, pois conseguiu atingir um número mais significativo de pessoas. A tônica geral dessa imprensa, que se destinava quase que exclusivamente a tratar dos problemas relativos à questão racial, era a *regeneração da raça pelo aprimoramento cultural.*

A grande importância destes jornais, que se publicaram de 1915 a 1963, com exceção do período do Estado Novo – 1937-1945 (a ditadura de Getúlio Vargas), foi terem sido o veículo privilegiado das novas ideias que visavam à unificação dos negros. O *Alvorada,* por exemplo, foi, em 1945, o órgão de difusão da Associação dos Negros Brasileiros, criada para que "os negros não se dispersassem".

Através do teatro e da imprensa foram sendo veiculadas ideias que permitiam aos grupos negros refazer seu referencial cultural, em que poderiam ancorar seu sentimento de identidade. Estava sendo preparado o caminho para o aparecimento das *associações* que iriam

A participação cultural do negro: pequena na literatura, intensa na música.

fornecer aos negros a força de coesão necessária para seu ingresso na fase que Florestan Fernandes chamou de *concorrencial,* ou seja, aquela que corresponde à recusa do negro de ficar "no seu lugar".

Da Frente Negra Brasileira (1937), à Associação de Negros Brasileiros (1945), muitos grupos se formaram e se desfizeram até o surgimento, em 1978, do Movimento Negro Unificado contra a Discriminação Racial (MNU), visando basicamente a desfazer o mito de que o Brasil é uma democracia racial e a conduzir formas sistemáticas de luta contra todos os tipos de discriminação racial.

Pode-se concluir, pela observação de todas essas manifestações de consciência negra, que houve uma vertente brasileira da negritude, entendida evidentemente em seu sentido lato.

Atualmente, é sem dúvida o *discurso literário* o espaço privilegiado da restauração da identidade, da reapropriação de territórios culturais perdidos. O fio condutor dessa literatura parece ser o desejo de reviver, nos dias de hoje, o espírito quilombola. Sentindo-se como o guia, o condutor de seu grupo, o poeta busca recuperar a rebeldia e os ideais de liberdade que outrora guiaram seus antepassados para os quilombos. A poesia nutrida dessa seiva transforma-se em um *território reencontrado,* onde os versos – como os atabaques, no tempo dos quilombos – soam como uma convocação à (re)união.

Seguir em frente
Em frente seguir
Sem receio ou temor
REXISTIR, REXISTIR, REXISTIR!

Um dia vai dar
Vai ter que dar
Não importa quando
Nem o preço que vai custar!
       (Oubu Inaé Kibuko, *Cadernos Negros,* 5)

DA NEGRITUDE À CONSTRUÇÃO DE UMA IDENTIDADE NEGRA

A Negritude foi basicamente um movimento que pretendeu provocar uma ruptura com um padrão cultural imposto pelo colonizador como único e *universal*. Essa revolução, operando um *deslocamento* de perspectiva, oportunizou a revalorização de outras culturas, como as de origem africana e indígena, que haviam resistido à voragem assimilacionista.

Foi, portanto, a partir da esfera cultural que a ação subversora do movimento se propagou para as esferas econômica, social e política. A prática de transgressão, iniciada no âmbito da cultura, fornece o modelo de desestruturação de outras áreas da sociedade.

Quando o discurso da Negritude entra em crise com os desdobramentos que se seguiram à fase combativa do movimento, não se verifica um retorno ao estado de alienação anterior, mas uma *busca de construção e de consolidação da identidade negra.*

Entendida como um processo dinâmico e não como um alvo estático a ser atingido, a busca de identidade não se esgotou com o movimento que representou sua culminância: a Negritude. Ao contrário, podemos entendê-la como um momento que possibilitou a eclosão de uma postura autônoma dos intelectuais e a maturação de uma *literatura negra.* Em resumo: a Negritude como tomada de consciência propiciou a emergência de um discurso literário negro que se transformou no lugar por excelência da manifestação do *eu-que-se-quer-negro.*

Assim, a literatura negra se constrói não como um discurso da gratuidade, ou unicamente da realização estética, mas para expressar a consciência social do negro.

Nesta medida, a literatura negra se aproxima da linguagem mítica que recupera a origem e narra a emergência do ser. Como o mito, a literatura negra também nasce da ruptura que se cria entre o homem e o mundo, originando-se do esforço de superar essa fragmentação. Ao recordar o que foi esquecido, ela recupera o mundo perdido.

A literatura negra pode ser acusada de univocidade e dogmatismo, mas o mito também o é, na medida em que ele não é *um* discurso possível sobre a realidade, mas é a *única* maneira possível de abordar a realidade em um momento dado.

Neste sentido, a literatura negra pode soar como um discurso defasado e anacrônico; ocorre que ela se constrói como uma *linguagem outra* que participa da reorganização do mundo negro na América. Mais do que proporcionar prazer estético, o escritor negro pretende oferecer aos membros de seu grupo a consistência mítica de que eles necessitam para fundar sua identidade.

Da crise de identidade, que originou a Negritude, o movimento evoluiu para um processo contínuo de afirmação identitária que se caracteriza pela ruptura permanente dos equilíbrios estabelecidos. Vale dizer, a identidade entendida não como circunscrição da realidade, mas como dinâmica da reapropriação de espaços existenciais próprios.

Talvez esta tentativa de explicar *o que é negritude* não tenha conseguido esclarecer inteiramente os leitores, que concluem esta leitura com o desejo de fazer perguntas, de recolocar questões. Não se aflijam, trata-se de um tema realmente muito complexo que tem ocupado um grande número de intelectuais em discussões infindáveis. Um desses intelectuais, L.-V. Thomas, após citar mais de dez definições de negritude, conclui solenemente: "Nem cientificamente, nem filosoficamente, o termo 'Negritude' pode definir-se com rigor: realidade histórica e psicológica, a Negritude não possui, verdadeiramente, realidade conceitual... É por isso que acreditamos que Negritude é um mito, ele próprio gerador de mitos, e é por isso que a poesia da Negritude por sua vez nutre-se de mitos...".

Gostaria de concluir esta reflexão sobre negritude invocando a magia da palavra angolana trazida para a avenida por Martinho da Vila: *Kizomba*. Nem negritude, nem branquitude, nem amarelitude... mas *Kizomba,* a grande festa da confraternização das raças.

Utopia? Talvez. Será que a *Kizomba* pertence apenas à grande ilusão do Carnaval? Será possível imaginar que ela aconteça na "vida real", no espaço quotidiano de todos nós, estendendo-se para além dos limites estreitos dos quatro dias de folia?

> O sacerdote ergue a taça
> Convocando toda a massa
> Neste evento que congraça
> Gente de todas as raças
> Numa mesma emoção
> Esta Kizomba é nossa
> constituição.
> "Kizomba, festa da raça", Rodolfo, Jonas e Luiz Carlos da Vila)

INDICAÇÕES PARA LEITURA

Para os que quiserem seguir a trilha na qual demos estes primeiros passos, recomendo algumas das obras que foram para mim fundamentais para a compreensão da negritude, e cujos ecos se fazem ouvir neste texto.

Seria proveitoso conferir de perto o artigo "Negritude/negritudes", de Diva Damato, publicado no nº 1 da revista *Através* (São Paulo, Martins Fontes, 1983), que constrói um panorama da Negritude desde os seus primórdios, ainda no século passado, apresentando com muita riqueza de detalhes e de citações a Negritude antilhana. Também em língua portuguesa, existe o livro de Kabengele Munanga, *Negritude* (São Paulo, Ática, 1985, Col. "Princípios") que expõe de forma clara e sistemática os pontos mais controversos do movimento.

Ainda em português, remetemos ao texto antológico de Maria Carrilho, *Sociologia da negritude* (Lisboa, Ed. 70,

1975), o qual focaliza com grande objetividade o alcance social do movimento, e ao impecável artigo de Helio Jaguaribe "Raça, cultura e classe", publicado na revista *Dados,* Rio de Janeiro, 27(2): 125-44, de 1984.

Imprescindíveis por corresponderem às primeiras clivagens do movimento são o texto do filósofo francês Jean-Paul Sartre "Orfeu Negro", *in Reflexões sobre o racismo* (São Paulo, DIFEL, 1965) e a obra do pensador antilhano Franz Fanon, a citadíssima *Peau noire, masques blancs* (Paris, Seuil, 1952).

Em francês, e infelizmente ainda não traduzidas para o português, portanto mais difíceis de serem encontradas e pesquisadas, estão escritas as obras mais importantes e que permitem acompanhar as origens, tendências e perspectivas da negritude. Do extenso rol, recomendaríamos: *Bonjour et adieu à la négritude* (Paris, R. Laffont, 1981), de René Depestre, poeta haitiano que faz uma análise brilhante das fraturas no discurso da negritude; *Les écrivains noirs de langue française,* de Lylian Kestelloot (Bruxelas, 1977), autora da primeira tese de doutorado sobre a negritude; *Négritude ou servitude?* (Camarões, CLE, 1971) de Marcien Towa, professor de filosofia africano, que faz uma contundente crítica à negritude senghoriana, e *Négritude et négrologues* (inédito), de Stanislas Adotévi, que alerta para "a função desprezível que, consciente ou inconscientemente, atribuímos hoje a esta palavra (negritude)".

Para os que se interessam em aprofundar seus conhecimentos não somente sobre a negritude mas também sobre as questões que dizem respeito à literatura negra, as obras mais atuais disponíveis são: *Raça e cor na literatura brasileira* (Porto Alegre, Mercado Aberto, 1984), do brasilianista inglês David Brookshaw, que empreende um exaustivo levantamento dos estereótipos criados sobre o negro por autores brancos e negros, e *Negritude e literatura na América Latina* (Porto Alegre, Mercado Aberto, 1987) desta que vos fala, Zilá Bernd, que procura não só conceituar negritude, como também literatura negra, estabelecendo uma classificação de autores de acordo com o nível de consciência expresso no texto literário.

Convém não esquecer que leituras sobre a escravidão e sobre as relações culturais e sociais dos escravos e descendentes de escravos com a sociedade organizada por (e para) brancos, são também de grande utilidade para que se possa formar uma conceituação mais sólida e abrangente de negritude. Neste domínio são capitais os diversos trabalhos, sobre o assunto, dos autores Roger Bastide, Florestan Fernandes, Octavio Ianni e João Baptista Borges Pereira.

Publicações periódicas como as do Centro de Estudos Afro-Asiáticos, da Universidade Cândido Mendes, do Rio de Janeiro; as do Centro de Estudos Afro-Orientais, da Universidade Federal da Bahia, e as dos grupos Quilombhoje (São Paulo) e Negrícia (Rio de Janeiro), devem ser conferidas.

Sobre a autora

Sou gaúcha de Porto Alegre. Leciono Literatura de Língua Francesa no Instituto de Letras da Universidade Federal do Rio Grande do Sul (UFRGS) e Literatura Brasileira no curso de pós-graduação em Letras da mesma Universidade.

Sou mestre em literatura Brasileira (UFGRS, 1977) e doutora em Letras pela Universidade de São Paulo (1987), tendo publicado os seguintes livros: *A Questão da Negritude* (São Paulo, Brasiliense, 1984), *Negritude e Literatura na América Latina* (Porto Alegre, Mercado Aberto, 1987), *Antrologia de Poesia Negra Brasileira – Cem Anos de Consciência Negra no Brasil* (Brasília, MINC/INL, 1988, no prelo) e *Introdução à Literatura Negra*, São Paulo, Brasiliense, 1988.

Atualmente, tenho uma bolsa de pesquisa do CNPq -Conselho Nacional para o Desenvolvimento Tecnológico, para continuar a pesquisa, iniciada na USP durante o doutoramento, sobre Literatura Negra no Brasil, sua característica de subversão dos discursos rituais e suas relações com as literaturas negras do Caribe e da América Latina.

TUMBEIROS – o tráfico escravista para o Brasil

Robert Edgar Conrad – 224 pp. – 14 x 21 cm
Legal ou não, com a colaboração de britânicos e americanos, o tráfico de escravos foi, durante 300 anos, peça-chave do sistema escravocrata luso-brasileiro. Ali, no tráfico, se iniciavam o descaso e o despeito aos direitos fundamentais dos negros.

O NEGRO NO BRASIL

Julio José Chiavenato – 264 pp
Fugindo das abordagens convencionais, Julio José Chiavenato faz um verdadeiro garimpo histórico para reunir crônicas e registros de época. Assim, descortina as origens da segregação racial e do desprezo pelo ser humano que tanto marcaram a escravidão no Brasil.

A ESCRAVIDÃO AFRICANA – na América Latina e Caribe

Herbert S. Klein – 14 x 21 cm – 320 pp.
Ao ressaltar as semelhanças e diferenças que a escravidão assumiu na América Latina e no Caribe entre os séculos XVII e XIX, o historiador norte-americano Herbert S. Klein compara essas duas experiências e faz uma análise global da ascensão e queda da escravidão no Novo Mundo.

CRIME E ESCRAVIDÃO* – *Trabalhos, luta e resistência nas lavouras paulistas

Maria Helena P. T. Machado – 14 x 21 cm -136 pp.
No século passado, os escravos responderam à superexploração de seus senhores de diversas formas, algumas violentas, como roubos e assassinatos de senhores e capatazes. De 1830 a 1888, este livro apresenta o quadro das tensões sociais que geraram essa onda de crimes e faz um retrato do movimento de resistência, sobrevivência e autonomia escrava.

Escravo ou Camponês?* – *O protocampesinato negro nas Américas

Ciro Flamarion Cardoso, 128 pp., 14 x 21 cm
A vigência da escravidão como relação única de trabalho na América colonial é um mito. Presente em outras colônias portuguesas, no Sul dos EUA e no Caribe, havia um meio-termo entre o escravo e o camponês: um escravo que, cultivando cotas de terra próprias, podia arrecadar dinheiro para comprar sua liberdade.

Ser Escravo no Brasil

Kátia de Queirós Mattoso, 272 pp., 14 x 21 cm
"Escrito para um público amplo ... este livro descreve com riqueza de detalhes o dia a dia dos escravos ... um surpreendente relato das relações econômicas e sociais."
   The New York Times Book Review

coleção primeiros passos
2º Semestre de 1988

ADMINISTRAÇÃO/ECONOMIA

Burocracia	(21)
Capital	(64)
Capital Internacional	(71)
Cooperativismo	(189)
Empregos e Salários	(28)
Empresa	(181)
Inflação	(198)
Mais-Valia	(65)
Marketing	(27)
Multinacionais	(26)
Recessão	(30)
Recursos Humanos	(66)
Subdesenvolvimento	(14)
Taylorismo	(112)
Trabalho	(171)

ANTROPOLOGIA/RELIGIÃO

Astrologia	(106)
Benzeção	(142)
Candomblé	(200)
Capoeira	(96)
Comunidade Eclesial de Base	(19)
Espiritismo	(55)
Espiritismo 2ª Visão	(146)
Etnocentrismo	(124)
Folclore	(60)
Igreja	(32)
Magia	(78)
Mito	(151)
Pastoral	(69)
Pentecostalismo	(188)
Pornografia	(128)
Religião	(31)
Teologia da Libertação	(160)
Umbanda	(97)
Vampiro	(179)
Violência	(85)
Violência Urbana	(42)

ARTES/COMUNICAÇÕES

Arquitetura	(16)
Arte	(46)
Ator	(190)
Cinema	(9)
Comunicação	(67)
Comunicação Poética	(191)
Comunicação Rural	(101)
Contracultura	(100)
Cultura	(110)
Cultura Popular	(36)

Fotografia	(82)
Indústria Cultural	(8)
Jazz	(93)
Jornalismo	(15)
Museu	(182)
Música	(80)
Música Sertaneja	(186)
Patrimônio Histórico	(51)
Política Cultural	(107)
Rock	(68)
Semiótica	(103)
Teatro	(10)
Vídeo	(137)

CIÊNCIAS EXATAS/HUMANAS

Astronomia	(45)
Cibernética	(129)
Darwinismo	(192)
Documentação	(174)
Ecologia	(116)
Energia Nuclear	(11)
Estatística	(195)
Física	(131)
Geografia	(48)
História	(17)
Informática	(158)
Informática 2ª Visão	(210)
Zoologia	(154)

DIREITO

Direito	(62)
Direito Autoral	(187)
Direito Internacional	(58)
Direitos da Pessoa	(49)
Habeas-Corpus	(153)
Justiça	(105)
Poder Legislativo	(56)

EDUCAÇÃO/PEDAGOGIA

Adolescência	(159)
Educação	(20)
Educação Física	(79)
Escolha Profissional	(208)
Menor	(152)
Método Paulo Freire	(38)
Pedagogia	(193)
Universidade	(91)

FILOSOFIA

Alienação	(141)

Amor	(88)	Suicídio	(127)
Erotismo	(136)		
Ética	(177)	**POLÍTICA/SOCIOLOGIA**	
Existencialismo	(61)		
Filosofia	(37)	Anarquismo	(5)
Ideologia	(13)	Autonomia Operária	(140)
Liberdade	(6)	Capitalismo	(4)
Pós-Moderno	(165)	Comunismo	(2)
Positivismo	(72)	Constituinte	(143)
Realidade	(115)	Deputado	(178)
Teoria	(59)	Desobediência Civil	(90)
Utopia	(12)	Ditaduras	(22)
		Estrutura Sindical	(194)
LITERATURA/LINGUÍSTICA		Família	(50)
		Feminismo	(44)
Biblioteca	(94)	Fome	(102)
Conto	(135)	Geopolítica	(183)
Editora	(176)	Greve	(202)
Esperanto	(185)	Imperialismo	(35)
Ficção	(156)	Marxismo	(148)
Ficção Científica	(169)	Materialismo Dialético	(206)
História em Quadrinhos	(144)	Nacionalidade	(120)
Leitura	(74)	Nazismo	(180)
Linguística	(184)	Parlamentarismo	(87)
Literatura	(53)	Participação	(95)
Literatura Infantil	(163)	Participação Política	(104)
Literatura Popular	(98)	Poder	(24)
Neologismo	(117)	Política	(54)
Poesia	(63)	Política Nuclear	(83)
Português Brasileiro	(164)	Política Social	(168)
Tradução	(166)	Propaganda Ideológica	(77)
		Questão Agrária	(18)
MEDICINA/PSICOLOGIA		Questão da Moradia	(92)
		Questão Palestina	(75)
Aborto	(126)	Racismo	(7)
Acupuntura	(145)	Reforma Agrária	(33)
AIDS	(197)	Revolução	(25)
Alcoolismo	(206)	Sindicalismo	(3)
Contracepção	(173)	Socialismo	(1)
Corpo	(170)	Sociologia	(57)
Corpo(latria)	(155)	Stalinismo	(34)
Criança	(204)	Tortura	(121)
Hipnotismo	(175)	Trotskismo	(40)
Homeopatia	(134)		
Homossexualidade	(81)	**DIVERSOS**	
Loucura	(73)		
Medicina Alternativa	(84)	Aventura	(196)
Medicina Popular	(125)	Beleza	(167)
Medicina Preventiva	(118)	Cidade	(203)
Morte	(150)	Cometa Halley	(157)
Parapsicologia	(122)	Comunidades Alternativas	(108)
Pessoas Deficientes	(89)	Crime	(207)
Psicanálise	(86)	Filatelia	(132)
Psicanálise 2ª Visão	(133)	Lazer	(172)
Psicologia Comunitária	(161)	Negritude	(209)
Psicologia Social	(39)	Nordeste Brasileiro	(119)
Psiquiatria Alternativa	(52)	Numismática	(147)
Remédio	(199)	Trânsito	(162)
Serviço Social	(111)	Transporte Urbano	(201)

VOCÊ CONHECE O PRIMEIRO TOQUE?

PRIMEIRO TOQUE é uma publicação com crônicas, resenhas, serviços, charges, dicas, mil atrações sobre todos os livros da Brasiliense. Sai de três em três meses. Por que não recebê-lo em casa? Além do mais, não custa nada. Só o trabalho de preencher os dados abaixo, recortar, selar e pôr no correio.

NOME

AOS CUIDADOS DE:

ENDEREÇO

BAIRRO　　　CIDADE

UF　CEP　SEXO　DATA DE NASCIMENTO

ÁREAS DE INTERESSE:
(vide tabela abaixo)

PROFISSÃO:

PARA USO INTERNO:
PROF.　TIPO　FAIXA

Para indicar as áreas dos livros de sua preferência, procure na tabela a letra respectiva e coloque nos espaços acima:

Administração	A	Economia	H	Psicologia	O
Antropologia	B	Ficção Científica	I	Sociologia/Política	P
Biografias	C	Ficção/Literatura	J	Ciência/Informática	Q
Cinema/Teatro	D	História/Geografia	K	Filosofia	R
Comunicações/Artes	E	Hist. Quadrinhos	L	Lit. Infantil	S
Conto	F	Poesia	M	Reportagem	T
Educação/Pedagogia	G	Policial	N	Outros	Z